이인이의 시선

삶의 기로에서 당신의 선택은

이인이의 시선
삶의 기로에서 당신의 선택은

이인이 시집

그림과책

| 시인의 말 |

친애하는 감성의 모든 분들께
안녕하세요.
이인이입니다.
우리의 삶은 때때로 궤도를 벗어나
예상치 못한 방향으로 마구 엇나갈 때도 있습니다.
그것은 누구에게나 올 수 있는 일이고
오래전 성인이 된 저에게는 놀랄 것도
두려울 것도 아니며 웬만큼 세상일에
길들여진 사람이라면 이러한 일은
이미 일반화된 이야깁니다.
타인에게 조언이나 도움을 청해 보지만
그 후의 상황은 반반입니다.
결국 자신이 스스로 해결해 나가야 한다는
결론에 이르기는 그리 머나먼
이야기는 아닌 것을 보면
그게 세상 살아가는 성인으로서의
자격증이라 생각하면 좋을 듯합니다.
그렇죠, 성인 어른인 자가 무작정
대책 없는 삶을 살기는 그리 바람직하지도

적절하지도 않은 삶이라 생각됩니다.
이에 접하게 되는 것이 선인 분의 삶을 통하여
간접 체험이나 삶의 모습을 배우게
되는 것입니다.
시인의 시는 그러한 모든 일을
순수히 담을 수 있는 체험서 교양서가 됩니다.
시인을 만나보세요.
시인의 세상 보는 감성을 느껴 보세요.
그리고 시인의 감성으로 쓴 시를 통해서
간접 체험과 세상을 배워나가세요.
그것은 충분히 세상을 바람직하게 살아가며
느끼게 되는 간접 체험이 될 것입니다.
고맙고 감사합니다.
신의 은총이 시를 통하여 모든 분께
따뜻하고 잔잔히 느껴지는 마음의 양식이
되어지기를 바라봅니다.
감사합니다.

이인이 올림

차 례

4 시인의 말

1부

12 달의 미소

16 밤새 비가 추적추적 내린다

20 고진감래

24 한여름 낮의 꿈

28 거울

30 인생 순항

36 솔아 솔아 푸르른 솔아

38 인생만사

2부

42 고향에 가면

46 시골 집

50 나의 초상화

52 목련꽃

58 민들레 홀씨 되어

59 들꽃 야생화

60 나팔꽃 당신

64 쪽잠 인생

3부

68 새벽

72 삶의 의미를 생각해 보면

74 쌍무지개 뜨는 언덕

78 아침 햇살이 창문 가득히 들어오면

82 삶의 기도

84 새벽이슬

4부

92　하얀색 예찬

94　여인의 향기

96　옛사랑의 그림자

100　딸기향 풍미 가득 행복합니다

102　미에 대한 예술적 찬사

104　죽음보다 깊은 밤

106　꼴찌 사랑

108　생명 연장의 꿈

110　사랑의 소리

112　해설

1부

허공으로

하나둘 날려보니

공허한 메아리만

허공에 돌고 돈다

달의 미소

달아 달아 밝은 달아
내가 세상에 존재하기 전부터
그리고
내가 없는 미래의 어느 시점 이후에도
영원히 존재할 달아

우리 조상님 때부터
우리 후손 세대에도
영원히 냉음의 빛을
사방 인간 세상 온 누리에
빛을 발할 냉철한 달아

오늘은 내 창 앞에 빛을 발하며
달빛이 환하게 비춰 주니
달빛 냉욕하듯 숨을 크게 한 번 쉬고
그야말로 달빛에 온몸을 힘 주어

가볍게 움직여본다

온몸으로 달빛을 휘감으며
가볍게 그러나 신중하고
세심하게 달빛맞이를 해본다

달아 달아 밝은 달아
이태백이 놀던 달아
청사초롱 빛 밝히듯
나도 밝혀주고
우리 님도 밝혀주고
우리 님 계신 곳도 환하게 밝혀다오

그래서 우리 님 오시는 날
우리 님 만나거든 우리 님 모습을
다정히 환하게 비쳐다오

달아 달아 밝은 달아
우리 님 오시는 날
님의 품에 안길 때
다정히 하나 가득
환하게 비춰다오

달아 달아 우리 달아
밝은 우리 달아

그러하면
님의 품에 안길 때
너도 좋고 나도 좋아라

밤새 비가 추적추적 내린다

적당한 비는 모든 논밭 작물에
도움이 된다지만

어제저녁부터 내리는 비는
밤새 휴대폰에 재난 대비 위험하다고
문자 날리고 있다

빗줄기는 창문 유리창을 냅다 갈긴다
밤새도록 내리는 비

이 밤 또 재난 문자다
조금 귀찮아진다

그런데 이번엔 그게 아니고 사람을
찾는다

밤새도록 비가 오는 상황에서 말이다
집 나가 길 잃은 치매 노인 72세
김 아무개 씨 남자분은 밤새 이 폭우의
상황에서 길을 헤매고 있단 말이다

머리가 복잡해진다. 두통도 동반한다

그 길 잃은 그분은 지금 어디에
계신단 말인가

겨울 짧은 봄 그리고 비 오고 후텁지근한 여름
그리고 가을 지금 같아서는 다시 서늘한
가을이 올까 싶다

참으로 우주 삼라만상森羅萬象의
신비로은 조화 속이다

칠흑 같은 밤에서 새벽이 올 때까지
계속 비는 내리니

이 새벽에 시장기가 돈다
배가 고프다

타인의 불안정한 삶을 생각하며 우울해지는
상황에서 배가 고파오니 난 야만인인가
문명인인가

고진감래 苦盡甘來

어제 전기가 나갔다
7시간 동안
오후 1시부터 갑자기
바람 빠지는 소리가
획 하고 나더니
그대로 전기가 나가
저녁 7시쯤 그 무렵에
들어왔다

처음 전기가 나갔을 땐
한두 시간 뒤 들어오겠지
생각했다

그러나 전기 없이 4시간이 지나자
부채도 없이
손에 잡히는 종이 나부랭이를

잡고 부채질을 하면서는
선풍기 에어컨 미작동은
나의 입에서 육두문자가
저절로 쏟아져 나왔다

고장 난 변압기에 저절로
화가 났다
관리실 방송에 전기 사고로
지금 고치고 있으며 복구에
3시간 걸린단다

지금 저녁 5시
전기가 들어오려면 저녁 8시는 돼야 하니
나의 인내력 테스트다

다행히 저녁 7시에 복구되어

전기는 들어왔지만
난 이미 부채를 주문해 구매했고
옷은 다 젖어
땀범벅이 되고 난 뒤의 일이다

나는 인간이 구색具色 맞춰 산다는 게
얼마나 중요한가에 대하여 생각했다

변압기 고치느라 수고하신
방제실 기사님들께 감사드리고

다시 인내함을 배운 날
반나절 선풍기 에어컨 없이
인내하고 애쓴 나의 인내력에도
고생했다고 위로해 주고 싶다

한여름 낮의 꿈

지금은 대부분 생활이
편리한 아파트를 선호하고
그래서인지 지역을 막론하고
아파트에 대부분 몰려 산다

초등학교 4학년 여름 어느 날
양옥 주택에 살던 나는
넓은 마루에 발라당 걸터누워
푸른 하늘의 구름을 보며 발장난을 하며
신의 존재에 대하여 생각했다

신은 존재할 거야 그렇지 않고는
누가 저 훌륭한 푸른 하늘 흰 구름을
만들었겠어

나는 절대 아니고 우리 조상님도 아니고

우리 부모님은

우리 형제자매 키우느라, 바쁘게 일하시느라

정신 없으시고

그러면 신밖에는 없으시니

너무 고마운 하느님이다

저토록 푸르고 아름다운 하늘을

바라보게 해주시니

그런데 그때 흰 구름이 갑자기

형체를 갖춘 사람 모양이 되니

나는 놀라 벌떡 일어나다

대청마루 창문 모서리에 머리를 찍고

하늘을 다시 쳐다보니

그 형체를 찾으려 해도

이미 사라진 뒤

다른 흰 구름만 넘실대니
나는 멋쩍어 웃어 본다

생각했다
신은 바쁘셔 할 일이 얼마나
많은데

나는 다시 일상으로 돌아가
책 공책을 펼쳐 놓고 흥얼거리며
번지 없는 노래 메들리를 부르며
숙제를 참 열심히도 했다

그때는 그랬다

거울

머리를 감고
수건으로 머리카락을 여미며
거울을 본다
항상 곁에 가까이 있는
손거울을 잡아든다
실은 이 손거울은 내 것이 아니다
엄마가 소중히 여기던 거울이다
엄마는 민낯에 손거울을 들면
잠시 뒤 아름다운 모습으로 바뀐다

물끄러미 바라보며
엄마의 변화된 모습에
순간 감동이 밀려온다
마치 엄마의 부산한 손놀림 없이
거울이 엄마에게 마법을 걸어
모습을 바꿔 놓은 듯이

거울 속 엄마의 모습과

실제의 엄마의 모습을 바라보면

약간 상기된 엄마의 모습이

눈에 들어온다

거울에 홀린 듯 빠르게 요동치는

손놀림을 바라보며

나도 해보고 싶은 충동이 밀려온다

나도 그 손거울을 들면 그렇게 마법에 걸려

변화된 모습이 될 것 같은 착각에 빠진다

때때로 그런 착각과 현실을 조율하며

손거울을 든다

변화된 모습을 비춰 주는 마법의 거울

오늘따라 엄마의 모습이 그립다

아니 엄마가 그립다

인생 순항

우리는 인생이란 거대한
배를 운항하며

처음에는
천천히 운항하며 무사히 순항하며

항로를 잘 찾아
위험이나 장애 요인에
잘 대처하며

안전 운항을
구체적으로 계획하며
목적지에 이르기 전까지는
순항이 구체적으로 고려 된다

그러나 인생의 항로에 있어서

항시 모든 이가
안전한 순항이 예고 된 것은 아니다

운항 중 폭풍이 치기도 하고
장애물에 걸려
운항이 고르지 않을 수도 있다

우리는 우리 각자의 삶에
얼마나 솔직히 구체적으로
각 시점을 알고 파악하고 있는지
진실된 마음으로 생각해 보면

삶의 환경과 타인에 의해
영향받기도 하지만
이기적 마음과 이타적 마음에서
고민하기도 하지만

시간을 두고 생각해 보면
이 또한 그리 심각한 일이
아닐 수도 있다

삶이란 이러니저러니해도
만들어 사는 구조로 되어 있다

즉 종착역에 이르기까지
언제나 진행형이며
늘 욕망의 늪에 빠져
홀로 갈등하게 된다

스스로는 바르다고
옳다고 생각하면서도
늘 갈등과 후회는
옆에서 대기하고 있다

현명하게 잘 선택하여
앞으로 나가야 한다

실수하면 실수하는 대로
잘 판단하며 쾌도를 찾아
순항해야 한다

언제나 맑음
순항만 할 수는 없는 것이
인생이다
인생은 그러하다

인생의 항로에 있어서

항시 모든 이가

안전한 순항이 예고 된 것은 아니다

솔아 솔아 푸르른 솔아

굽은 소나무가 선산先山을

지킨다고요

소나무는 홀로 아름답습니다

홀로 독야청청獨也靑靑하더라도

위협적이지 않은

우리의 소나무입니다

굽어 있어도

강인한 생명력은

우리 모두가

우러러보게 되니

그 위엄이 대단하고

당당합니다

솔아 솔아 푸르른 솔아

스스로 높고 고귀하고
아름답습니다

인생만사

고추 당초 시집살이
맵고 맵다해도

세상살이도
만만치 않으니

예습한 것
복습한 것
아무 소용 없고

세상살이 실전이니
이리 뛰고 저리 뛰어도
결과가 보잘것없어
마음 같지 않으니

넋두리만

하나둘 늘어나
인생 행진곡이 되니

내 노래 듣는 이
따로 없이 여울져

허공으로
하나둘 날려보니

공허한 메아리만
허공에 돌고 돈다

2부

삶, 인생에 있어

나의 선택이 옳았구나 생각되니

스스로 기뻐지고 행복해진다

고향에 가면

누군가 내게 고향을 묻는다면
고향은 내게 어떤 의미였을까

떠올려 보면 친할머니 댁 충청도 예산
그곳에는 나의 친할머니 친할아버지가 계셨다

겨울
그곳에 가면
누렇게 군불 때 변해버린 아랫목 장판으로
추우니 어서 이리 오라고 하시던
오느라 추워서 볼이 빨개진 손녀를 향해서
손짓하시던 내 할머니

벽장에서 약과와 엿을 내려
어린 내 손에 쥐여주시던 내 할머니
두꺼운 목화 공단 이불을 끄시며

오느라 추웠을 손녀를
덮어주시던 우리 친할머니

서울 대도시에서 태어나 겨울 방학이 되면
친구들과 스케이트 가방 들고
한강 스케이트장 동네 스케이트장 다녔던 기억들과
지나간 추억의 잔해들

그 친구들 다 어디 갔을까
모두 결혼해서 잘 살아 있겠지
개중에는 못 산다고 이혼한 이도 있으려나

굴뚝에 모락모락 연기 나고
흰 눈 덮인 지붕의 외딴 시골 초가집
나의 시골 할머니 댁

지금이라도 그곳 가면
싸리비 문을 열어 반갑게 맞아 주실 것 같은
우리 친할아버지 친할머니의 모습이 아련히 떠오르며
어린 시절 나와 지금 나의 모습이 동시에 겹치며
난 그곳으로 달려가고 있다

할머니 할아버지를 부르며
눈에는 눈물 고여 바람에 흩날리며
논두렁 길 지나
그곳으로 막 넘어질 듯 뜀박질하며
우리 할머니 할아버지에게로
눈에는 눈물 고여 그렁그렁한 눈으로 울며
그곳으로 뛰어가고 있다

그곳에 가고 싶다
지금은 고향 나의 아버지 어머니 무덤 위편 언덕에

두 분 모두 계신다

그래 그곳에 가면
그래 그곳에 가면 모두 계신다

그곳 시골 집 한 모퉁이에는

시골 집

 어릴 적 명절이면 시골 할아버지 댁에 갔던 기억이 난다 그곳은 재미있는 장난거리가 가득한 곳이었다
 쏟아지는 소낙비에 사랑채 방문 앞에 걸터앉아 폴짝폴짝 뛰는 청개구리를 임자 없는 고무신에 담아서 빗물에 내놓고 흔들었던 기억이 난다
 청개구리는 흔히 보던 잠자리와는 다르게 할아버지 댁에서만 볼 수 있는 것이었다
 무척 신기해하며 놀이를 했던 기억이 난다 청개구리는 열심히 이리저리 폴짝폴짝하고 뛴다 무척 신기하고 재미있는 놀이입니다 한참을 청개구리와 놀고 있는데 엄마가 부른다
 장난 그만하고 밥 먹으라고 물 고인 청개구리가 담긴 고무신을 안고 가족에게로 가라고 청개구리를 논둑 풀밭에 놓아주며 손을 흔듭니다
 청개구리는 가족을 잘 찾아갔을까 혼자 폴짝폴짝 뛰며 멀어져 가는 청개구리를 향해 이제 같이 놀 친구가 없어졌다는 생각에 눈가에 눈물이 그렁그렁해진다 엄마는 놀라시며 무슨

일이 있었냐며 물으시며 눈물을 닦아 주신다

  엄마 손을 꼭 잡고 할아버지 댁으로 풀숲을 지나 걸어가며 청개구리 생각을 하였다 이제는 모두 옛 기억이 되었지만 그때 그 기억 속의 추억은 영원하리라

풀숲을 지나 걸어가며 청개구리 생각을 하였다

이제는 모두 옛 기억이 되었지만

그때 그 기억 속의 추억은 영원하리라

나의 초상화

스스로 나를 세상에 내놓으니
스스로 거룩해지는 기분이 든다

내 마음속 깊은 곳에 있는
나의 지렛대는 나 스스로를
저울질해 볼 때 평행선을 그리니
스스로 깊이 만족한다

삶, 인생에 있어
나의 선택이 옳았구나 생각되니
스스로 기뻐지고 행복해진다

친구끼리는 서로의 인상을 보고
연인과는 서로 인물을 본다

마음속에 나에 대한 프리미엄 어떠한가

말이 좀 거창한 듯해도

우리의 삶
인생은 거기서 거기이니
별반 차이점이 그리 크지 않다는 것이다

거기서 거기이다
일상 보통의 일반인이란 말이다

목련꽃

목련꽃 앞에 서니
한국 역사의 격동기 폭풍 속에서
희생된 못다 핀 어리고 여린 꽃들의 희생에
가엾은 우리 꽃들의 애달픈 삶에
희생돼 슬프게 저물어간 우리 딸들의 눈물에
슬픔을 머금으며 삼가 고인의 명복을 빕니다

그들의 슬프고 애달프게 저물어간
애절한 삶을 생각하며
이 시를 바칩니다

다시 목련이 필 때면
목련이 필 때는 마치 아름다운 자태의
여인네 모습같이 느껴지며
아름답고 고고하고 고결함이 전해져
절로 엄숙해지며 탄식歎息이 나옵니다

고즈넉한 한자리에 목련 한 그루만 있어도
목련은 그 우아한 품새로
고고함이 빛을 발합니다

그러나
그 고고함이 빛을 발한 뒤 목련이 질 때는
하염없이 눈물이 납니다
그렁그렁한 눈으로 차마 볼 수 없어
마음 깊이 애절한 슬픔에 목 놓아 웁니다

이별을 고할 때 아무것도 말하지 못할 정도로
슬픔에 잠겨 차마 이별을 고하지도 못합니다
몸을 추스르고 떨어진 목련 꽃잎을
하나둘 손에 포개며
눈물이 한 방울 두 방울 떨어져 흐느낍니다

목련꽃에게 이별을 고합니다
겨우내 살아 남아 내년에 꼭 다시 만나서
다시 꽃을 피우자고
그렇게 하자고 약속하며
작별 인사를 고합니다
헤어짐은 슬프지만 다시 만남을 기약하며
잠시 떨어짐의 이별을 고합니다

그렇게 해요
우리 그렇게 하기로 해요
잠시만요 꼭 잠시만 그렇게 하기로 해요
흐르는 눈물을 감추려 고개를 숙입니다

잠시 잠시만 안녕이에요
우리 꼭 다시 만나요
꼭 꼭이요

고개를 떨구고요

시야는 너울너울

흐릿해져

눈물이

이별을 고할 때 아무것도 말하지 못할 정도로

슬픔에 잠겨 차마 이별을 고하지도 못합니다

몸을 추스르고 떨어진 목련 꽃잎을

하나둘 손에 포개며

눈물이 한 방울 두 방울 떨어져 흐느낍니다

민들레 홀씨 되어

흔들리며 실바람에 사뿐히 올라 앉아
산들바람 타고 허공에 예쁜 그림 그리며
살랑이는 실바람 타고 떠나갑니다

사뿐히 사뿐히
한 바퀴 두 바퀴
그리고 또 부는 실바람
허공에 홀씨 뿌리며 민들레 홀씨 되어
곱고 예쁜 자태로 허공에 그림을 그리며
멀리멀리 실바람 타고 떠나갑니다
떠나가며 모두에게 인사말을 띄웁니다

고운 자태로요
안녕 안녕이라고요
그리고 멀리멀리
허공에 민들레 홀씨 되어 떠나갑니다

들꽃 야생화

어디서 와서

어디로 가는지 몰라도

우리네 인생처럼

산길에 아련히 핀 들꽃

너울대는 산언덕 길에

스스로 홀연히 피어

찬 이슬 먹고

산길 한 옆에

한갓지게 피었나니

나는 그들을 들꽃 야생화라 한다

나팔꽃 당신

아침에 나팔꽃은 봉오리가 활짝 피어
모두를 환영하듯 여릿한 바람에 살랑살랑
알게 모르게 살랑살랑하며
나지막이 웃음을 띱니다

아침에 나팔꽃은 봉오리가 활짝 피어
모두를 환영합니다

그 누구를 위해 피어난 건 아니지만
저절로 나팔꽃을 향해 주는 관심 자에게
꽃이 활짝 피어

아침을 마주하는 기쁨을 줍니다, 환영한다고
보는 이는 시나브로 입가에 미소 지어지며
웃음 머금게 됩니다

나팔꽃도 기쁜 듯 연분홍 꽃잎이 빛을 발하며
아리따운 자태를 고고히 뽐내며
스스로 기쁨에 빠지게 됩니다

아침에 나팔꽃은 기쁨의 상징입니다
희망찬 아침의 예고자입니다

저녁이 되면 내일 아침을 기약하며
조용히 숨죽이고 나지막이 내려앉아
있습니다

내일 다시 만나요

내일 당신을 다시 만나고 싶어요
아름다운 모습으로 우리 서로를
사랑하는 마음으로 만나요

관심자는 스스로 미소가 지어지며

기쁜 마음을 품에 안습니다

쪽잠 인생

쪽잠
초저녁 쪽잠에서 깨어 눈을 떠
시계를 보니 자정 딱 12시다

한기가 느껴진다
밖에는 봄이라고
뉴스 기상 캐스터가
활짝 핀 꽃노래를
거의 매일 불러 대는데
시민들은 봄 날씨를 연일 즐기며
절로 나오는 듯 화창한 날씨라고
요즘 매일 시민 인터뷰에
다들 꽃노래를 부르고 있다

아 이 새벽 나는 한 몸 가득 한기를 느끼며
들쭉날쭉 한기가 느껴져

겨우내 사용하던 꼬마 빨강 히터를 끌어와

스스로 느껴지는 한기에

빨간 꼬마 히터와 마주 앉아

글을 쓰기 시작한다

나는 이 꼭두새벽에

글을 쓰려고 하니

방 안 가득 한기 내음이 느껴진다

이제 방 안 한 모퉁이에 자리 잡고 앉아 스스로에게 취해

기쁨의 노래를 읊조린다

아하 그렇다

나는 잠시 잊고 있었다

나는 소담히 순종적이고

적응력 뛰어난 조선의 후예라는 사실을

3부

아름답게 그윽한 향기로

하나 가득히 모든 이의

빈 마음을 채워주니

새벽

난 아직도 잠들어
꿈을 꾸면
시험 보는 꿈을 많이 꾼다
주로 시험 시간이 끝났는데
답안지 작성을 완성하지 못해
끙끙 애쓰는 꿈이다

불안정한 심리 상태가 되는
주로 그런 꿈
그리고 신발을 잃어버려
주로 뭔가를 잃어버려 찾으려 애쓰는 모습이
꿈속의 나이다

주로 심리적으로 불안정한 그런 꿈을
주로 꾸는 걸 보면
항시 부족함을 느끼는

자신의 심리 상태가 투영되는가 보다

특히 시험 보는 꿈을 꾸면
가위에 눌리는 듯
끝까지 다 못 푼 문제에
황당하게도 쩔쩔매다 꿈에서 깬다
저절로 안도하는 마음과 씁쓸함이 남는다

창밖에 새벽 비는 주룩주룩 내리고
한숨 잘 자고 일어나
인생사 줄줄이 많은 사연보다
지금은 비몽사몽간에 불안정한 심리 상태다

꿈결에 글을 쓰는 데 앞서
악몽에 시달리던 나는
보상받는 듯 물 한 컵 마시고

고요한 새벽에

가느다란 목소리로 노래를 불러본다

여보세요 거기 누구 없소

시작 부분에서 천하를 호령하듯

그러나 사근사근 소리를 내어본다

모두 잠든 이 밤에 이 새벽에

흥얼대며 노래를 불러본다

박자에 맞추어 장단에 맞추어

노래를 불러본다

이 새벽에

이 꼭두새벽에

삶의 의미를 생각해 보면

우리 자신을 깊이 들여다보고
진정으로 원하는 것이 무엇인지,
무엇에 가치를 두고 있는지
어떤 삶을 살고 싶은지
깊이 탐구해야 합니다

삶의 의미는 정해진 답이 아니라,
개인이 스스로 만들어가는 것입니다
우리는 우리 내면의 잠재력을
자신을 탐구하여 삶의 주인공이 되도록
이끌어 가야 합니다

그러나 각자 자신의 삶은 각자의 선택이기에
책임감이 따릅니다
네 그러합니다
그래요

쌍무지개 뜨는 언덕

비 온 뒤

하늘에 떠 있는 쌍무지개가
아름다운 것은

사랑이 있고
무지개가 있기 때문이다

사랑의 기쁨도
이별의 슬픔도

결국은
내가 소유한
나만의 기쁨과 슬픔이니

내 감정에 충실하려는

생각에 마음을 정리하려 하니

그때 그 마음 기억하며
나만의 감정에 놀라
스스로 소름이 돋는다

아 다시는 님을 보내지 말아야지

님을 보내려니
마음속 슬픔만 가득 찬다

다시는 다시는
보내지 말아야지

눈물이 빗물되어
비 갠 뒤 쌍무지개가

언덕 위에 뜨더라도

결국 슬픔은 나의 몫

쌍무지개를 보니
마음이 기쁘지 않고
마음속에는 슬픔과 아픔만
가득 차니

님 보낸 뒤
아쉬움과 후회에
마음만 저려온다

다시 정신과 마음을
가다듬고 생각해 보니

시작점도 나이고
끝점도 나이다

그래서 이리도
생각이 어지러웠나

마음을 가다듬고
생각을 정리하려 하니

나의 어리석음을 깨닫고
쓴웃음만 나온다

아침 햇살이 창문 가득히 들어오면

아침 햇살이 집안으로 들어옵니다
고운 손님 들어오니
창문을 활짝 열어 봅니다

어느새 아침 햇살은 집안 가득 채워집니다
나는 저절로 방긋방긋 웃으며 절로 기쁘게
하루를 아침 햇살과 함께 시작합니다

오늘 하루 잘 보내게 내 옆에서 머무르며
따뜻한 햇살을 조명등처럼 비춰 줍니다

아침 햇살은 나의 의사와는 상관없이
매일 찾아옵니다
내 곁에 머물며 나의 일상을 비춰 줍니다

매일매일 아무런 조건이나 대가를 바라지 않고

내 곁을 지켜주니

나의 최고의 동반자입니다

아침 햇살은 나의 의사와는 상관없이

매일 찾아옵니다

내 곁에 머물며 나의 일상을 비춰 줍니다

삶의 기도

우리는
우리 모두의 행복이
멀리 있는 듯 느껴지는 듯해도

항상 가까이에 자리잡고
곁에서 우리의 품에 안길
준비를 하고 있으니

슬프거나 힘든 이는 오호통재라

안타깝고 슬프다
마음이 쓰인다

모두의 사랑이 담긴
따뜻한 온정의 손길은
따뜻한 마음에 사랑이

싹 터 꽃을 피우니

마음이 따뜻해지고
행복이 저절로
꽃을 피우네

아름답게 그윽한 향기로
하나 가득히 모든 이의
빈 마음을 채워주니

따뜻한 마음으로
모두가 저절로
따뜻해지고 행복해집니다

새벽이슬

새벽이슬이 꽃잎에
한 방울 두 방울 맺힐 때
새벽의 즐겁고 싱그러운
미풍에 그렇게 하루가 시작된다

이슬이 잎새에 한 방울 두 방울
위 잎새에서 아래 잎으로
너울져 떨어지니

자연의 법칙 우주 만물의 원리에
따라 위에서 아래로 한 방울 두 방울
너울져 떨어지니

자연의 순리에 맞게
요즘 불안정하고 변덕스러운
날씨에도 불구하고

스스로 알아서 자기 할 일을 묵묵히
수행하며 할 일을 다 하고 있으니

이는 자연의 법칙의 순종자요
우주 만물의 진행자요
완료자의 모습으로 발현되니

새벽이슬은 자연법칙에 순응하는
모습으로 늘 그렇게
자연의 법칙에 따라 순응하며
그 의무를 다한다

참으로 스스로 보는 이에게
자연의 법칙
아름다움과 편안함 안도의
즐거움을 안겨 주니

고맙고 감사하다

이는 보는 이에게 스스로
만족감을 줘
보탤 것 뺄 것 없이 흐뭇해지니

이는 자연의 법칙에 순응하는
동조자로서의 일이다

나는 자연의 법칙의 순종자요
우주 만물 법칙의 추종자다

이는 지금은 고인이 되신
아버지 어머니의 평소 강조하신
지론이기도 하다

평소 늘 자연의 법칙

우주 만물의 원리에 따르라고

그래야 인생을 살면서

모든 일이 순리대로

풀려나간다고 강조하여

말씀하셨다

그렇게 두 분 모두 소중히 여기시던

인생 삶의 소중함에도 세월이 지나니

아버지 어머니 두 분 모두

자연의 법칙 우주 만물의 원리대로

그렇게 지금은 고향 선산에 모셔

그곳에 계신다

허무한 일이지만

자연의 법칙

우주 만물의 원리에

따라서의 일이다

4부

사랑은 언제나 찾아올 수 있는 것이라지만

그와의 사랑은 소중한 것이기에 마음속

깊은 곳에 간직하고 싶다

하얀색 예찬

나에게 있어 하얀색은
절대적인 색이다

하얀색은 보고 있으면
마음이 저절로 정화되어 마치 아기천사의
날갯짓을 보고 있는 듯 감동을 준다

하얀색은 다른 어느 색 하고 섞여도 각기
그 색의 강렬함에 부드러움을 더해 주니

절대적인 적대자가 없는 듯
더해 주면 더해질수록 스스로 부드러워진다
검은색조차

하얀색은 다른 색채와 섞이면 새로운
부드러운 색이 되어 새로운 색채를

구성하는 창조된 색채가 만들어진다

이는 마치 모든 색채의 아픔을 품어주는 듯
우리네 어머니 품처럼
포용의 색채라 할 수 있을 것이다

여인의 향기

여인이 아름다운 것은
젊고 예뻐서가 아니라
여인의 향기香氣가 있어
심연深淵의 기쁨을 주기 때문이다

여자로 태어나서
삶의 선택의 기로에
있을 때마다

여인이고 어머니라는
상념想念의 생각들을
떨쳐버리기 힘든 것이
우리네 여인의 삶이다

여인네의 삶이라
보기만 해도

절로 숙연肅然해지니

한 여인이고 어머니라는

역사歷史의 문구文句들마다

그 체취體臭가 배어 있으니

우리네 여인네의

삶의 모습을 보면

참으로 향기롭고 아름답다

옛사랑의 그림자

그의 존재를 알게 된 것은 부대끼며 사춘기를 보내던
10대 후반 여름의 끝자락 무렵의 무더운 어느 날이었다
나는 그에게 고백하고 싶었다

당신에게 말합니다
당신을 사랑한다고 벌써부터
당신 생각만 하면 가슴이 떨려온다고
나는 어느 순간부터 그를 짝사랑하고 있었다

그는 나의 존재를 알고 있었을까
말해 주고 싶었다
당신과 함께하는 생각만 해도 가슴이 떨려온다고

우리는 서로를 사랑할 수 있을까
그러나 그 무렵 엄마의 잦은 병치레는 나에게
그는 그야말로 그림의 떡이었다

1년이 지나고 2년이 지나고
나는 엄마 병치레에 그야말로 그에 대한 생각을
잊은 게 아니라 아주 멀리 잃어버렸다

내가 왜 그랬는지 마음의 여유가 없이
흐르는 세월에 떠밀려 가느라
정신을 차릴 여유가 없었다
나는 점점 초라해져 가고 무엇인가에
추워져 가고 있었다

그 누군가를 사랑할 용기가 없었다
왜 그랬을까 그때는
세월이 지나 그와의 우연한 만남에도
어릴 적 그때의 그 마음 그대로 가슴이 떨려 왔다

그랬다 그는 언제나 나의 영웅이었다
나는 그것을 잊고 있었다 아니 잃어버리고 있었다
그의 존재만으로도 행복했던 잃어버린 기억들을
나는 회상하며 기억을 한 조각 두 조각 맞추어
나가고 있었다

처음 그를 봤을 때 내 마음은 요동치고
그가 너무 좋아 보였다
만약 당신이 날 사랑한다면 얼마나 좋을까
그때 그 무렵 가슴이 떨려왔던 기억이 떠올랐다

사랑은 언제나 찾아 올 수 있는 것이라지만
그와의 사랑은 소중한 것이기에 마음 속
깊은 곳에 간직하고 싶다

얼마 전 그의 근황을 자연스레 알게 되었고

그의 어른스러운 변화를 보게 되니 저절로 미소가 지어졌다

그랬다
그는 훌륭했고 언제나 나에게는 영웅이었다
나에게는 너무나 소중한 사랑
난 왜 당신 생각만 하면 가슴이 떨려 오는 걸까

당신에게 말합니다
사랑합니다 언제나처럼
그런데 최근 그가 장가갔다
그런데 이상도 하지 난 살판났다
실은 난 그의 일상을 생각했을 때 걱정이 태산 같았다
늘 좌불안석이었다
얼마나 다행인지요
그는 나의 옛사랑이다

딸기향 풍미 가득 행복합니다

기분이 정말 좋습니다
요즘 딸기가 효자 과실입니다

날로 가격도 저렴해지고
맛도 딸기의 종류별로
새콤달콤한 맛이 더하여지니
그 풍미風味가 이루 말할 수 없이 흡족합니다

더욱이 맛있는 딸기를 신나서 먹으면
기분도 더 좋아져
얼굴이 발그레 상기上氣됩니다

딸기 맛도 좋고 향도 좋으니
허공에 딸기 향이 춤을 춥니다
딸기를 조금조금 머금으며
빨개진 입술로 미소 지으며 방긋 웃어 봅니다

기분 좋아서요

이 모든 것이 축복된 마음으로

고마워져 딸기 향 가득히 다시 한번

미소를 담아 취해 봅니다

그리고

감사하고 기쁜 마음으로

허공에 미소를 띄워 봅니다

행복해서요

미에 대한 예술적 찬사

미에 대한
아름다운 예술적 극찬은
우리의 삶에 있어
성공적인 원동력의
초석이 되어 행복한 삶을 이끄는 데
일조를 하게 된다

그런 긍정적인 예술적 아름다움을 포함한
미적 삶을 영위하는 삶은
어떨까

지금 일상의 삶과 어떻게
다를까

그것은 또 다른 깊이와 의미 있는
삶이 될까

다른 세계의 창조로 이끌어
새로운 인생을
살게 된다면

그런 세계의 삶은
과연 어떨까

그건 또 다른 세계
그러면 다른 창조의 세계가 발현되어
삶의 추진력이 되어
나를 이끌어 나가겠지

그것은 과연 내가 원하는
삶의 반경 속하여 나를 만족시킬까

죽음보다 깊은 밤

그대 있음에 내가 있고
사랑하기에
존재감을 느낍니다

밖은 어둡고
세상은 침묵하지만

그대와 난
분명히 알고 있습니다

우리 서로 사랑한다는 것을

인생의 굴레에 휘감겨
외로이 울 때도

마음 깊은 곳에

울림을 확인합니다

당신을 사랑하고 있다는 것을

이건 침묵하는 세상에 대한
나의 경고일 수도 있습니다

우리의 사랑을 알리고 싶습니다

그대는 나만의 님이라고

꼴찌 사랑

오늘도
난 사랑을 꿈꿉니다

사랑은 예정하고
찾아오는 것은
아니라 해도

사랑은
나를 따뜻하게 해주는
선물이니

나는 저절로 끌립니다

사랑은
동결되어

뺑뺑이 돌려 있던

내 마음을

미안하고 안타깝게

생각하듯 녹여 줍니다

그것이 사랑의 신호이고

사랑은 그렇게

시작됩니다

생명 연장의 꿈

깜빡깜빡
들어 왔다
나갔다

너는 너의
생명이 얼마 남지
않았다고

생명의 마침에 부치며
너의 사라짐을
알리고 있다

이제 곧 너는 사라지겠지
생명의 탄생과 성장 그리고
노화와 사라지는 우주의 원리를 알리며
곧 사라지겠지

네가 사라지면 종결의 의미와
그리고 또 다른 생명의 탄생

이는 우주 만물의 생로병사
우주의 원리를 받아들이자
그래야 순리대로 살아가게 된다

우주 만물의 원리에 따라
조물주의 뜻에 맞게
그렇게요

사랑의 소리

내가 당신을 위해 존재하는 사람입니까
말해봐요
그런가요
말해봐요
말해봐요
사랑이 죄인가요
당신이 직접 말해봐요

그런 사랑을요
당신의 사랑
나의 사랑
우리의 사랑을요
종속된 사랑
생각만 해도 낯부끄럽고 불쾌합니다

그건 정말 진정 원하지 않습니다

숭고할 사랑을 뒤로하고
이 사랑을 허공에 날려 봅니다

당신을 사랑한다고
영원히
영원히 사랑한다고
근데 정말 그럴 수 있을까요.

| 해설 |

감각과 기억으로 빚어진 삶의 길목

손근호(시인·평론가)

 이인이 시인의 『이인이의 시선視線 삶의 기로에서 당신의 선택은』은 단순한 감성의 나열이나 순간의 포착을 넘어, 존재론적 질문을 심층적으로 탐구하는 문학적 성취를 보여준다. 선택의 기로에 선 인간의 심리는 시인의 날카로운 시선으로 다층적으로 해석되며, 각각의 시는 우리 내면 깊숙이 숨겨진 두려움과 희망, 결단과 방황의 순간을 다채로운 언어로 빚어낸다.
 특히 시인의 시선은 감각적 체험에 머무르지 않고, 그 감각 너머에 놓인 기억과 철학적 사유를 잇는 다리 역할을 한다. 이는 독자들로 하여금 자신의 삶과 선택에 대한 새로운 관점을 갖도록 하는 데 중요한 역할을 한다.
 시인이 주목하는 '선택'은 단순한 행위가 아니다. 그것은 우리 삶을 이루는 결정적 순간들의 연속이며, 그 속에서 인간은 자신이 누구인지를 확인한다. 시집 곳곳에서 시인은 '선택'이라는 주제를 다양한 각도로 변주하는데, 때로는 무겁고 심각한 존재의 고민으로, 때로는 일상의 소소한 에피소드로 우리 앞에 내놓는다. 그러면서 '선택'의 순간이 갖는 중대함과 동시에 그 순간이 어쩌면 우리의 존재를 규정짓는 본질적인 순간임을 일깨운다.

또한 시인의 문체는 그 어떤 장치보다 감정을 효과적으로 전달한다. 그녀는 마치 한 편의 음악처럼 리듬을 타면서도, 언어가 지나치게 화려하거나 과장되지 않게 절제한다. 이러한 절제는 시적 긴장을 유지하며, 독자가 시 속의 '선택'을 자신의 삶 속으로 끌어들이는 데 큰 도움을 준다. 언어가 던지는 여백은 독자가 스스로의 감정을 채우고 질문을 던질 수 있는 공간이 된다.

더불어 이 시선視線은 '기억'과 '감각'을 통해 존재의 본질을 탐색하는 시학적 틀을 견고히 한다. 기억은 시간의 층위를 쌓아 올리는 역할을 하고, 감각은 그 층위들 사이를 잇는 징검다리가 된다. 시인은 때로는 아련한 옛 추억을, 때로는 눈앞의 생생한 자연 현상을 통해 존재의 의미를 되묻는다. 기억의 이미지들은 결코 단순한 과거의 재현이 아니라, 현재와 미래에 걸쳐 시적 주체의 내면에 깊은 울림을 주는 살아있는 요소로 기능한다.

이 시집을 관통하는 또 다른 특징은 '연결'의 미학이다. 시들은 개별적으로 독립적인 듯 보이나, 전체적으로는 삶의 복잡다단한 실타래를 하나씩 풀어가는 연속체를 이룬다. 과거의 상처와 현재의 고민, 미래에 대한 불안과 희망이 교차하며, 독자는 그 속에서 자신의 이야기를 발견하게 된다. 이러한 연결은 시집을 단순한 읽을거리 이상의 경험으로 승화시키며, 시인의 사유와 정서에 동참하게 만든다.

결론적으로, 『이인이의 시선視線 삶의 기로에서 당신의 선택은』은 선택의 순간들이 어떻게 우리 존재의 근본을 규정하는지, 그리고 그 순간들이 지닌 불확실성과 불안 속에서 어떻게 삶의 의미를 발견할 수 있는지를 진솔하게 탐색하는 작품집이다. 이 시집은 우리 모두가 마주하는 선택의 순간을 통해, 결국 자기 자신과 마주하는 시간임을 설득력 있게 보여준다. 그리하여 시인은 우리에게 묻는다. 당신은 지금 어느 길 위에 서 있는가, 그리고 그 길의 끝에는 어떤 당신이 기다리고 있는가 하고.

이제 이 시집에서 중요한 키워드에 맞춰 대표작들을 살펴보자.

1. 영원의 숨결 속에서 – 자연과 존재의 시학

인간은 태어나고 사라지는 유한한 존재지만, 그 삶은 끝없는 자연의 호흡과 맞닿아 있다. 여기 묶인 다섯 편의 시, 「달의 미소」, 「밤새 비가 추적추적 내린다」, 「목련꽃」, 「민들레 홀씨 되어」, 「들꽃 야생화」는 이러한 만남과 헤어짐, 생성과 소멸, 그리고 그사이를 흐르는 삶의 정서를 자연이라는 큰 무대 위에서 펼쳐낸다. 여기에서 자연의 이미지들은 단순한 배경이 아니라, 시인의 내면과 세계를 연결하는 살아있는 은유로 작용한다. 이를 통해 시편들은 '자연 속에서 인간 존재의 의미를 묻는 철학적 시학'을 구현한다.

시들이 전반적으로 주는 인상은 '순환'이다. 달이 차고 기우는 일상적인 현상, 비가 오고 그치며 계절이 바뀌는 흐름, 꽃이 피었다 지는 무상함, 바람에 날려 흩어지는 민들레 홀씨, 그리고 한 자리에 뿌리내려 피어난 들꽃까지–이 모든 것은 인간의 삶이 그려내는 궤적과 닮아 있다. 시인은 이를 예민하게 감지하고, 그 안에서 '변함없는 것'과 '변해가는 것'이 어떻게 공존하는지 사유한다.

먼저 「달의 미소」는 영원과 유한의 대화를 이끌어낸다. 시인은 달을 단순한 천체가 아니라, 자신보다 오래전부터 존재해 왔고 앞으로도 존재할 '영속의 상징'으로 바라본다. 달빛 속에서 숨을 고르고 몸을 맡기는 행위는 일종의 의식이며, 사랑하는 이와의 만남을 달에게 부탁하는 장면은 인간 정서가 자연과 직접 대화하는 고전적인 시의 맥을 따른다. 이 작품에서 달은 시간의 흐름 속에서도 변치 않는 존재로서, 시인의 정서를 안정시키는 영적 매개체가 된다.

이에 비해 「밤새 비가 추적추적 내린다」는 보다 현실적이고 사회적인 감각을 드러낸다. 비는 농사에 필요한 은혜이자, 재난의 위협이기도 하다. 시인은 밤새 울리는 재난 문자와 길 잃은 노인의 소식을 통해 '자연 현상'과 '인간의 사회적 취약성'이 맞물리는 순간을 포착한다. 자연의 비는 시인에게 우주적 순환의 일부이지만, 그 속에 살아가는 인간은 여전히 불안하고, 심지어 시장기를 느끼는 유한한 존재다. 이는 알베르 카뮈가 말한 "삶의 부조리 속에서도 우리는 살아야 한다"는 명제를 실감 나게 증명한다.

한편 「목련꽃」은 아름다움과 비극을 한 몸에 품은 시다. 목련의 고고함은 한국 역사의 격동 속에서 희생된 이들의 영혼과 겹치고, 꽃의 피고 짐은 이별과 재회의 순환을 상징한다. 시인은 목련을 단순한 식물로 바라보지 않고, '다시 피어날 것을 기약하는 생명의 의지'로 읽어낸다. 고전적인 서정미와 비극적 역사 인식이 결합된 이 시는, 20세기 한국 현대시의 '민족적 서정' 전통과도 맞닿아 있다.

또 「민들레 홀씨 되어」는 이동과 확산, 그리고 나눔의 시학을 보여준다. 민들레 홀씨는 한곳에 머무르지 않고 바람을 타고 퍼져 나가며, 그 여정 속에서 작별 인사를 남긴다. 이는 불교의 '무아'와 '연기' 사상과도 어울린다. 홀씨는 자신이 어디로 가는지 모르지만, 그 떠남이 곧 생명의 확산이라는 점에서 긍정성을 지닌다.

마지막으로 「들꽃 야생화」는 고요하고 소박한 존재를 찬미한다. 시인은 들꽃이 어디서 와서 어디로 가는지 모른다고 말하지만, 그 무심한 존재 방식이 오히려 삶의 본질에 더 가까운 듯 묘사한다. 이는 자연 속 존재들이 인간의 가치 척도를 넘어서는 순간을 보여주며, '있는 그대로 있음'의 아름다움을 강조한다.

이 다섯 편의 시를 하나로 엮는 철학적 공통점은 '유한한 존재가 영원의 질서 속에서 호흡하는 방식'이다. 달은 영원의 빛을 발하며 인간의 순간을 비춘다. 비는 인간의 삶을 시험하며, 꽃은 피고 지고 다시 피어나므로 순환을 증명한다. 특히 홀씨와 들꽃은 유랑과 정착이라는 두 가지 삶의 형태를 보여준다. 각각의 이미지들은 개별적으로 아름답지만, 함께 모였을 때 더 큰 세계관을 형성한다.

이 시들은 전통 서정시의 정감을 바탕으로 하면서도, 현대적 감수성과 사회적 맥락을 포함하고 있다. 「달의 미소」와 「목련꽃」은 고전적 서정성과 상징주의적 기법을 활용하며, 「밤새 비가 추적추적 내린다」는 현실 참여적 서정으로, 「민들레 홀씨 되어」와 「들꽃 야생화」는 자연주의적이고 생태시적인 감각을 드러낸다. 이러한 혼합은 21세기 시 문학에서 자주 나타나는 경향으로, 개인 서정과 사회 인식, 자연 관조가 유기적으로 프리드리히 니체는 "살아 있는 모든 것은 해석을 원한다"고 했다. 이 다섯 편의 시는 자연을 통해 삶을 해석하고, 삶을 통해 자연을 다시 읽는다. 그 과정에서 시인은 자연과 인간의 경계선을 허물고, 서로를 비추는 거울처럼 사용한다. 결국 이 시편들은 독자에게 '자연 속에서 나를 발견하고, 나 속에서 자연을 발견하는' 사유의 장을 제공한다.

이러한 시들은 단절보다는 연결을 지향하는 시대정신을 반영한다. 산업화와 도시화로 자연과 멀어진 현대인에게, 시는 여전히 자연을 매개로 자기 존재를 확인하게 한다. 이 다섯 편의 시가 그려낸 달빛, 빗소리, 목련의 눈물, 홀씨의 여행, 그리고 들꽃의 고요함은 단지 미적 체험이 아니라, 우리 시대의 '존재론적 위안'이 된다.

2. 항해와 성찰 – 삶의 파도 위에서 배우는 지혜

삶은 늘 일정한 항로를 따라가는 것 같다가도 예기치 못한 풍랑과 암초를 만난다. 이번에 묶인 다섯 편의 시는 모두 그러한 삶의 항해 속에서 부딪히는 시련, 그 시련을 견디며 배우는 인내, 그리고 그 끝에 이르는 성찰과 기도의 순간을 포착하고 있다. 「고진감래」, 「인생 순항」, 「인생만사」, 「삶의 의미를 생각해 보면」, 「삶의 기도」는 서로 다른 목소리를 내면서도, 인간이 자기 삶의 키를 잡고 나아가는 항해자라는 공통의 인식을 공유한다.

이 다섯 작품의 세계관을 관통하는 철학적 기조는 '삶의 불확실성을 인정하고, 그 안에서 스스로 방향을 찾아야 한다'는 것이다. 소포클레스는 "어디로 향하는지 모르는 자에게 순풍은 불지 않는다"고 말했다. 이 말은 단순히 목적의식의 필요를 말하는 것이 아니라, 삶의 파도 속에서 자기를 잃지 않는 주체성을 강조한다. 시인들은 각 작품에서 그 주체성을 때로는 체험담으로, 때로는 비유와 묵상으로 드러낸다.

먼저 「고진감래」는 일상의 한 사건-전기 정전-을 통해 인내의 가치를 보여준다. 처음에는 불편과 짜증이 앞서지만, 시간이 지날수록 그것이 "인내력 테스트"였음을 깨닫는다. 이 시는 한자어 제목이 암시하듯, 고통이 지나간 뒤에 찾아오는 단순하고도 깊은 달콤함을 그린다. 특히 변압기 수리 기사에게 감사하는 대목에서, 불편 속에서도 타인의 노고를 인식하고 존중하는 시인의 태도는 삶을 긍정하는 힘이 어디서 비롯되는지를 잘 보여준다.

「인생 순항」은 보다 포괄적인 인생 비유를 사용한다. 인생을 "거대한 배의 항해"에 비유하면서, 순항과 풍랑이 번갈아 닥치는 여정을 묘사한다. 중요한 것은 폭풍을 피하는 것이 아니라, 폭풍 속에서도 항로를 찾는 지혜다. 시인은 실수와 후회를 항해의 일부로 인정하며, 그것이 오히려 항로를 수정하는 계기가 됨을 말한다. 여기서 "인생은 그러하다"라는 단언은 체념이 아니라, 경험에서 비롯된 수용이다.

「인생만사」는 인생의 예측 불가능성을 구체적인 생활 감각 속에 담아낸다. 시집살이의 매운맛과 세상살이의 쓴맛을 비교하며, 예습과 복습이 통하지 않는 현실을 그린다. 결과가 마음 같지 않아도 그 허공 속에 흩날려 돌아오는 메아리조차 인생의 일부로 받아들이는 시인의 시선은 씁쓸하면서도 담담하다. 이는 현실을 외면하지 않고, 그 안에서 살아가는 '소극적 낙관주의'의 태도다.

「삶의 의미를 생각해 보면」은 앞선 세 시가 구체적 경험에서 출발한 것과 달리, 철학적 사유를 전면에 내세운다. 삶의 의미를 주어진 답이 아니라 스스로 만들어가는 과정으로 규정하며, 자기 탐구의 중요성을 역설한다. 이 시에서 '선택과 책임'이라는 키워드는 존재론적 자각을 전제로 한 인간의 자유를 상기시킨다. 장 폴 사르트르가 "인간은 자유를 선고받았다"고 했듯, 시인은 삶의 방향을 타인의 지도가 아닌 자기 결정으로 그려야 함을 말한다.

마지막으로「삶의 기도」는 시집 전체의 정조를 따뜻하게 마무리한다. 행복과 사랑은 멀리 있는 것이 아니라, 이미 가까이에 준비되어 있다는 깨달음, 그리고 서로를 향한 온정이 행복을 꽃피운다는 믿음을 전한다. 이 시는 공동체적 감성과 휴머니즘을 드러내며, 개인의 성찰이 결국 타인과의 연대를 향해야 함을 암시한다.

이렇게 다섯 편의 시는 서로 다른 어휘와 장면을 통해, '삶은 항해이며, 항해는 곧 자기 발견의 여정'이라는 하나의 메시지를 구축한다.「고진감래」와 「인생 순항」이 항해 중 맞닥뜨리는 풍랑과 그 극복을 그린다면, 「인생만사」는 그 여정의 불완전성을, 「삶의 의미를 생각해 보면」은 항해의 목적을, 「삶의 기도」는 그 목적지에서 나누게 될 온기를 상징한다.

　이 시들은 전통 서정과 현대적 실존 인식을 절충하고 있다. 개인의 경험과 사유를 서정적으로 풀어내면서도, 그 안에 사회적·철학적 함의를 심는다. 「고진감래」나 「인생만사」가 일상체 서술과 구어적 리듬을 통해 사실주의적 색채를 띤다면, 「삶의 의미를 생각해 보면」과 「삶의 기도」는 관념적이고 이상주의적인 서정으로 기운다. 「인생 순항」은 이 둘을 연결하는 서사적 비유를 제공한다.

　문학사적으로 볼 때, 이러한 작품군은 현대 시가 '순수 서정'에서 벗어나 실존적 질문과 생활 세계를 아우르려는 흐름과 맞닿아 있다. 특히 산업화 이후 세대의 시에서 자주 나타나는 '항해'와 '순항'의 이미지는 개인과 사회의 관계, 안정과 불확실성의 긴장을 함께 담는다.

　결국 이 시들은 한 가지 중요한 깨달음을 독자에게 남긴다. 우리는 모두 자기 인생의 선장이며, 파도를 피할 수는 없지만 파도를 타는 법을 배울 수 있다. 그리고 그 항해의 끝에는 언제나 사람과 사람 사이의 온기가 기다리고 있다. 그것이야말로 시인이 기도하는 '삶의 순항'의 참된 의미일 것이다.

3. 빛과 순리 – 하루의 시작에 깃든 존재의 깨달음

　새벽의 고요, 빗방울 뒤 무지개의 찰나, 창문을 가득 채우는 햇살, 꽃잎 위에 맺힌 이슬, 그리고 절대적 포용을 상징하는 하얀색. 이번에 묶인 다섯 편의 시는 하루의 시작과 자연의 빛을 중심에 두고, 그 속에서 인간이 마주하는 심리적 울림과 철학적 성찰을 그려낸다. 「새벽」, 「쌍무지개 뜨는 언덕」, 「아침 햇살이 창문 가득히 들어오면」, 「새벽이슬」, 「하얀색 예찬」은 서로 다른 장면과 감정을 담고 있지만, 궁극적으로 '순리 속의 위안'이라는 주제로 수렴된다.

하이데거는 "인간은 빛 속에서만 존재를 드러낸다"고 했다. 여기서 '빛'은 단순히 시각적 현상이 아니라, 사물과 존재가 자신을 드러내는 계기다. 다섯 편의 시가 보여주는 새벽의 빛과 색채는 바로 그러한 존재의 드러남을 상징한다. 시 속의 새벽과 햇살, 무지개와 이슬, 그리고 하얀색은 모두 '순리'라는 질서 속에서 피어나는 장면들이며, 그것을 바라보는 시인의 시선에는 내면의 치유와 자각이 녹아 있다.

「새벽」은 불안한 꿈에서 깨어난 시인이 새벽의 고요 속에서 스스로를 추스르는 장면으로 시작된다. 시험을 끝내지 못하는 꿈, 잃어버린 신발을 찾는 꿈은 마음 한켠의 부족함과 불안감을 드러낸다. 그러나 창밖의 새벽 비와 고요한 시간은 시인에게 노래를 부를 여유를 준다. 이 시는 새벽이 단지 하루의 시작이 아니라, 심리적 회복의 문턱임을 보여준다. 불안이 채 가시지 않은 상태에서도 목소리를 내는 행위는 곧 자기 존재를 확인하는 의식이다.

「쌍무지개 뜨는 언덕」은 비 갠 뒤 하늘에 걸린 쌍무지개를 배경으로 사랑과 이별의 감정을 풀어낸다. 무지개는 기쁨과 희망의 상징이지만, 시인에게는 사랑을 잃은 뒤의 허전함과 후회가 먼저 떠오른다. "시작점도 나이고 끝점도 나"라는 구절은 관계의 모든 국면이 결국 자기 내면의 반영임을 깨닫게 한다. 이 작품에서 자연 현상은 감정을 치환하는 장치이자, 자기 성찰의 거울이다.

「아침 햇살이 창문 가득히 들어오면」은 하루의 시작을 환하게 열어젖힌다. 아침 햇살을 '고운 손님'으로 맞이하며, 시인은 창문을 활짝 열고 기쁨을 느낀다. 조건 없이 찾아와 머물고, 대가를 바라지 않는 햇살의 존재는 무조건적인 수용과 동행의 은유로 읽힌다. 이 시는 밝음과 따뜻함이 곧 '삶의 좋은 습관'이 될 수 있음을 말해준다.

「새벽이슬」은 자연법칙의 순응과 그 속의 평온을 노래한다. 꽃잎 위에 맺혔다. 흘러내리는 이슬은 하늘의 법칙과 땅의 이치를 따라 움직인다. 시인은 이를 부모로부터 배운 '순리대로 살아야 한다'는 삶의 철학과 연결한다. 이슬은 한순간 빛나고 사라지지만, 그 과정이 온전하기에 아름답다. 작품의 후반부에서 부모님이 자연의 법칙 속에서 생을 마감한 장면을 덧붙임으로써, 시인은 순리의 완결성을 조용히 인정한다.

마지막으로 「하얀색 예찬」은 색채를 통한 존재론적 사유다. 하얀색은 다른 색과 어우러져 그 강렬함을 누그러뜨리고, 새로운 색을 창조한다. 시인은 이를 "모든 색채의 아픔을 품어주는 어머니 품"에 비유하며, 포용과 조화를 궁극적 미덕으로 제시한다. 하얀색은 그 자체로 완결적이지만, 다른 것과 함께할 때 더 풍부해진다. 이는 앞선 작품들이 말한 '자연과 순리 속에서 함께 존재하기'의 미학과 맞닿아 있다.

이 다섯 편은 서로 다른 시간과 이미지를 그리면서도, 공통적으로 '시작의 순간'을 다룬다. 새벽, 무지개, 아침 햇살, 이슬, 하얀색—모두 하루의 출발과 새로운 흐름의 상징이다. 그 시작점에서 시인은 불안을 다스리고, 사랑을 돌아보고, 기쁨을 맞이하고, 순리를 받아들이고, 조화를 찬미한다.

이 시들은 자연 서정시의 전통을 이어가면서도 현대적 심리 묘사를 가미하고 있다. 「새벽」과 「쌍무지개 뜨는 언덕」은 심리 서정과 상징주의적 요소를 결합하고, 「아침 햇살이 창문 가득히 들어오면」과 「새벽이슬」은 전원적 낭만주의와 동양적 순리 사상을 담고 있으며, 「하얀색 예찬」은 관념시와 미학적 사유의 성격을 지닌다.

특히 이 시들은 '자연의 이미지로 인간 내면을 재구성하는 서정'의 한 예로 기록될 수 있다. 근대 이후 한국 서정시는 종종 자연을 단순한 감정의 배경으로 삼았지만, 여기서는 자연이 적극적인 의미 부여자이며 삶의 방향을 제시하는 스승으로 기능한다.

결국 이 시편들은 하루의 시작을 맞이하는 태도는 곧 삶 전체를 대하는 태도라는 메시지를 우리에게 전한다. 빛을 받아들이고, 순리를 인정하며, 다른 색과 조화를 이루는 것-그것이야말로 빛과 순리 속에서 존재가 스스로를 발견하는 방식이다.

4. 감각과 기억으로 빚어진 사랑의 영속성

사랑은 눈으로만 보는 장면이 아니라, 향기·색채·촉감·맛과 같은 오감의 층위에서 기억 속에 각인되며, 시간과 공간을 초월해 다시 우리를 찾아온다. 네 번째 소주제에 모인 다섯 편의 시 ㅡ「나팔꽃 당신」,「여인의 향기」,「옛사랑의 그림자」,「딸기향 풍미 가득 행복합니다」,「죽음보다 깊은 밤」ㅡ 은 모두 '감각적 체험을 통해 형상화된 사랑의 지속'이라는 공통된 주제를 지닌다. 이 사랑은 단순히 한 시점의 감정이 아니라, 삶의 한 결을 이루는 기억의 지층 속에서 반복적으로 반짝이며, 각기 다른 감각 통로를 통해 재생된다.

시들이 구현하는 주제의 의의는 사랑이 '사건'이 아니라 '지속성 있는 체험'이라는 점에 있다. 사랑은 한 번 피고 지는 나팔꽃 같아도, 다음 날 다시 피어오를 수 있고(「나팔꽃 당신」), 세월이 흘러도 여인의 체취처럼 은밀히 스며(「여인의 향기」), 잃어버린 첫사랑이 다시 마음을 요동치게 만들며(「옛사랑의 그림자」), 딸기 향처럼 순간의 기쁨으로 현재를 환하게 채우며(「딸기향 풍미 가득 행복합니다」), 그리고 죽음보다 깊은 밤에도 서로를 확인하게 하는 유일한 등불이 된다(「죽음보다 깊은 밤」).

시적 특징으로 보자면, 이 다섯 작품은 공통적으로 감각적 이미지의 집약과 정서의 직접화를 사용한다. 시적 화자는 비유적 모호성을 지나치게 밀어붙이지 않고, 오히려 대상과 경험을 독자가 곧바로 느낄 수 있는 촉각·시각·후각·미각·청각의 채널로 제시한다. 그 결과 시는 '읽는 것'보다 '느끼는 것'이 된다.

철학자 장 자크 루소는 "인간의 모든 지식은 감각에서 비롯된다"고 했다. 이 명언은 다섯 편의 시를 스케치하는데 핵심적인 렌즈가 된다. 사랑은 관념이나 선언으로만 존재하는 것이 아니라, 구체적 감각을 통해 마음속 깊이 체험되고 기억된다.

「나팔꽃 당신」의 부드러운 아침 바람, 「여인의 향기」의 포용적인 체취, 「옛사랑의 그림자」의 가슴 떨림, 「딸기향 풍미 가득 행복합니다」의 새콤달콤한 풍미, 「죽음보다 깊은 밤」의 정적 속 온기 – 이 모두는 루소가 말한 '감각에서 비롯된 지식'이자, 시인의 언어가 되살린 사랑의 실제 질감이다.

이를 연결적으로 살펴보면, 「옛사랑의 그림자」는 시간적 거리와 회상을 통해 사랑이 어떻게 '잃어버린 것 같으면서도 여전히 존재하는 것'으로 변모하는지를 보여준다. 여기서 사랑은 현실적으로는 무산되었지만, 기억 속에서는 여전히 생생하게 살아있다. 이 기억의 생생함은 「죽음보다 깊은 밤」으로 이어지며, 그곳에서는 사랑이 고독과 세상의 침묵 속에서도 여전히 존재를 지탱하는 힘으로 변한다. 이 두 시에서 사랑은 생물학적 시간이 아니라 '내면의 시간' 속에서 영속된다.

반면 「나팔꽃 당신」과 「딸기향 풍미 가득 행복합니다」는 사랑을 '순간의 감각적 충만'으로 그린다. 나팔꽃은 하루의 시작을 여는 기쁨의 신호이고, 딸기는 맛과 향을 통해 지금 이 순간의 삶을 환하게 비춘다. 이 둘은 사랑이 장기적 기억에 머무르기 전, 현재의 순간에서 어떻게 감각적으로 발현되는지를 보여준다. 그리고 이 감각의 순간들이 쌓여 결국 「여인의 향기」에서 보듯, 한 존재의 전 생애를 관통하는 '향기'로 남는다. 여기서 향기는 단순한 냄새가 아니라, 사랑과 삶이 응축된 정체성의 기호다.

 이 시편들은 낭만주의의 감성과 상징주의의 감각 심화가 결합된 성격을 띤다. 낭만주의가 사랑과 자연, 감정을 중심으로 인간의 내면세계를 그렸다면, 여기서는 감각의 구체성을 통해 그것이 보다 개인적이고 체험적인 층위로 내려온다. 또한 상징주의가 감각과 정서를 매개로 보이지 않는 세계를 드러내듯, 시 속의 나팔꽃·향기·그림자·딸기·밤은 모두 사랑이라는 추상적 개념을 감각화하는 상징들이다.

 또 이 시들은 현대 서정시가 때로는 잃어버리기 쉬운 '감각적 충실성'을 되살린다. 감정만을 추상적으로 노래하는 대신, 시인은 오감을 동원해 독자에게 사랑을 '보게 하고, 맡게 하고, 맛보게 하고, 만지게 하고, 들리게 한다'. 이는 디지털 시대의 간접적이고 빠른 감각 소비와 대비되어, 느림과 깊이를 되찾는 문학적 기여를 한다.

 결국 이 다섯 편은, 사랑이 단순히 한 번의 만남이나 관계의 시작과 끝이 아니라, 감각과 기억 속에서 끊임없이 재현되고 영속되는 체험임을 보여준다. 이 시들을 읽고 나면 우리는 사랑을 단순한 낭만적 사건이 아니라, 삶의 촉감과 향기, 빛깔과 맛으로 다시 느끼게 된다. 그것이 바로 이 소주제가 지닌 철학적·문학적 가치다.

 지금까지 살펴본 이인이 시인의 시선을 통해 다음과 같은 세 가지 시적 특징을 발견할 수 있었다.

 첫째, 감각의 총동원이다. 이인이 시인은 오감을 통해 세계를 포착한다. 시 속의 장면들은 냄새, 촉감, 맛, 색채, 소리로 가득하며, 이를 통해 독자는 추상적인 감정이 아니라 구체적이고 체험 가능한 세계에 들어서게 된다. 이는 독자의 몰입도를 높이고, 시를 감상하는 행위를 감각적 체험으로 확장시킨다.

둘째, 시간의 층위 활용이다. 시인은 과거, 현재, 미래를 유연하게 오가며 이야기를 직조한다. 추억은 현재의 감정에 색을 입히고, 현재는 미래를 향한 다짐과 기대를 품는다. 이 시간의 교차는 시의 내러티브를 한층 입체적으로 만들며, 독자로 하여금 자신의 시간 감각을 되돌아보게 한다.

셋째, 자연과 인간의 상호 비추기이다. 시인은 자연을 단순히 아름다움의 대상으로 보지 않는다. 자연 속 식물과 풍경은 인간의 삶과 감정, 관계의 비유로 등장한다. 나팔꽃의 하루살이 같은 개화, 목련의 깨끗한 화사함, 새벽이슬의 맑음 등은 모두 인간 내면의 정서를 은유하며, 자연과 인간이 서로의 의미를 완성한다. 이로써 그의 시 세계는 '인간 중심'과 '자연 중심'의 경계에서 새로운 조화를 이룬다.

『이인이의 시선視線 삶의 기로에서 당신의 선택은』은 단순한 시집이 아니다. 그것은 시인이 걸어온 삶의 궤적이자, 앞으로 나아갈 방향을 암시하는 문학적 이정표다. 작품 속에 담긴 장면과 정서들은 한 개인의 사적인 기록을 넘어, 시대를 공유하는 독자들의 마음에도 잔잔한 파문을 일으킨다. 그 파문은 크고 요란하지 않지만, 오래도록 남아 서서히 번져간다. 이는 시인이 선택한 언어가 화려한 장식이 아닌, 진실한 경험과 성찰에서 비롯되었기 때문이다.

한국 현대시가 때로 지나친 난해함이나 과잉된 실험성에 치우칠 때, 이인이 시인의 시는 오히려 진솔함과 감각적 구체성을 무기로 삼아 독자의 감정 깊숙이 스며든다. 그녀의 시는 누구나 이해할 수 있지만, 그 안의 울림은 결코 단순하지 않다. 이 점에서 그녀는 서정시의 고유한 힘을 새롭게 복원하는 동시에, 감각적 서술의 가능성을 확장하는 역할을 하고 있다.

앞으로 이 시인이 더 많은 주제와 형식적 시도를 통해 세계를 넓혀간다면, 그녀의 작품은 세대와 문화의 경계를 넘어 폭넓은 공감을 형성할 수 있을 것이다. 특히 감각과 기억을 매개로 한 서정의 세계는, 국제적인 독자층에게도 충분히 매력적으로 다가갈 잠재력을 품고 있다.

『이인이의 시선視線 삶의 기로에서 당신의 선택은』은 그 가능성을 예고하는 신호탄이자, 그녀가 향후 한국 문단에서 확고한 위치를 차지할 것임을 암시하는 작품집이다. 이인이 시인은 이미 자기만의 언어와 시선을 확보했으며, 앞으로 그 언어를 더 깊고 넓게 확장해 나갈 때, 한국 시문학의 새로운 지평을 여는 주역이 될 것이다.

더불어 이인이 시인의 시에는 또 하나 주목할 점이 있다면, 바로 '일상의 미시적 순간'을 포착하는 섬세한 시선이다. 일상에서 흔히 지나칠 수 있는 작고 사소한 사건들—예를 들면 창가에 맺힌 빗방울의 움직임, 어스름 저녁에 퍼지는 골목길 냄새, 누군가의 무심한 미소—이러한 순간들을 그녀는 하나하나 놓치지 않고 들여다본다. 이를 통해 평범한 삶의 풍경들이 비범한 의미를 획득하며, 독자들은 자신도 몰랐던 일상의 깊은 층위와 마주하게 된다. 이는 곧 시가 갖는 '발견의 힘'과도 연결되며, 독자의 세계를 새롭게 인식하게 하는 통로가 된다.

또한, 이인이 시인은 '언어의 미학'에도 큰 공을 들인다. 그녀의 시어는 단순하면서도 날카롭고, 때로는 부드럽고 유려하다. 언어의 선택과 배열에서 독특한 리듬과 음향을 창조하며, 이를 통해 시의 정서가 자연스럽게 증폭된다. 말하자면, 그녀의 시는 '읽는 경험' 자체가 음악적이자 촉각적인 감각을 불러일으키는 하나의 예술 작품인 셈이다. 이 점은 현대시가 흔히 겪는 난해함을 극복하고, 독자와의 소통을 보다 원활하게 만드는 중요한 요소로 작용한다.

　마지막으로, 이 시인의 작품이 지닌 사회적·문화적 맥락에 대한 감각도 놓칠 수 없다. 개인의 내면 서사를 넘어서, 시대적 변화와 그로 인한 불안, 소외, 연대의 문제를 은유와 상징을 통해 드러낸다. 이는 시가 단순한 감정 표현을 넘어, 현실에 대한 성찰과 질문을 던지는 역할을 함을 보여준다. 따라서 『이인이의 시선視線 삶의 기로에서 당신의 선택은』은 개인적 서사와 사회적 맥락이 맞물려 독자와 시대가 함께 호흡하는 살아있는 문학임을 확인하게 한다.

　이러한 특징들은 앞으로 이인이 시인이 더욱 다채로운 시 세계를 구축하는 데 견고한 토대가 될 것이다. 그 시의 깊이와 넓이는 더 많은 독자층을 만나고, 한국 문학이 세계와 교감하는 데 귀중한 자산으로 작용할 것으로 기대된다.

그림과책 시선 338

이인이의 시선 삶의 기로에서 당신의 선택은

초판 1쇄 발행일 _ 2025년 9월 23일

지은이 _ 이인이
펴낸이 _ 손근호

펴낸곳 _ 도서출판 그림과책
출판등록 2003년 5월 12일 제300-2003-87호

03924 서울특별시 마포구 월드컵북로54길 17 821호
　　　(상암동, 사보이시티디엠씨)
　　　　도서출판 그림과책
전화 (02)720-9875, 2987 _ 팩스 (02)720-4389
도서출판 그림과책 homepage _ www.sisamundan.co.kr
후원 _ 월간 시사문단(www.sisamundan.co.kr)
E-mail _ munhak@sisamundan.co.kr

ISBN 979-11-93560-45-7(03810)

값 10,000원

이 책의 판권은 지은이와 그림과책에 있습니다.
잘못된 책은 교환해 드립니다.